Funky fish'n friends

Lyn Phillips

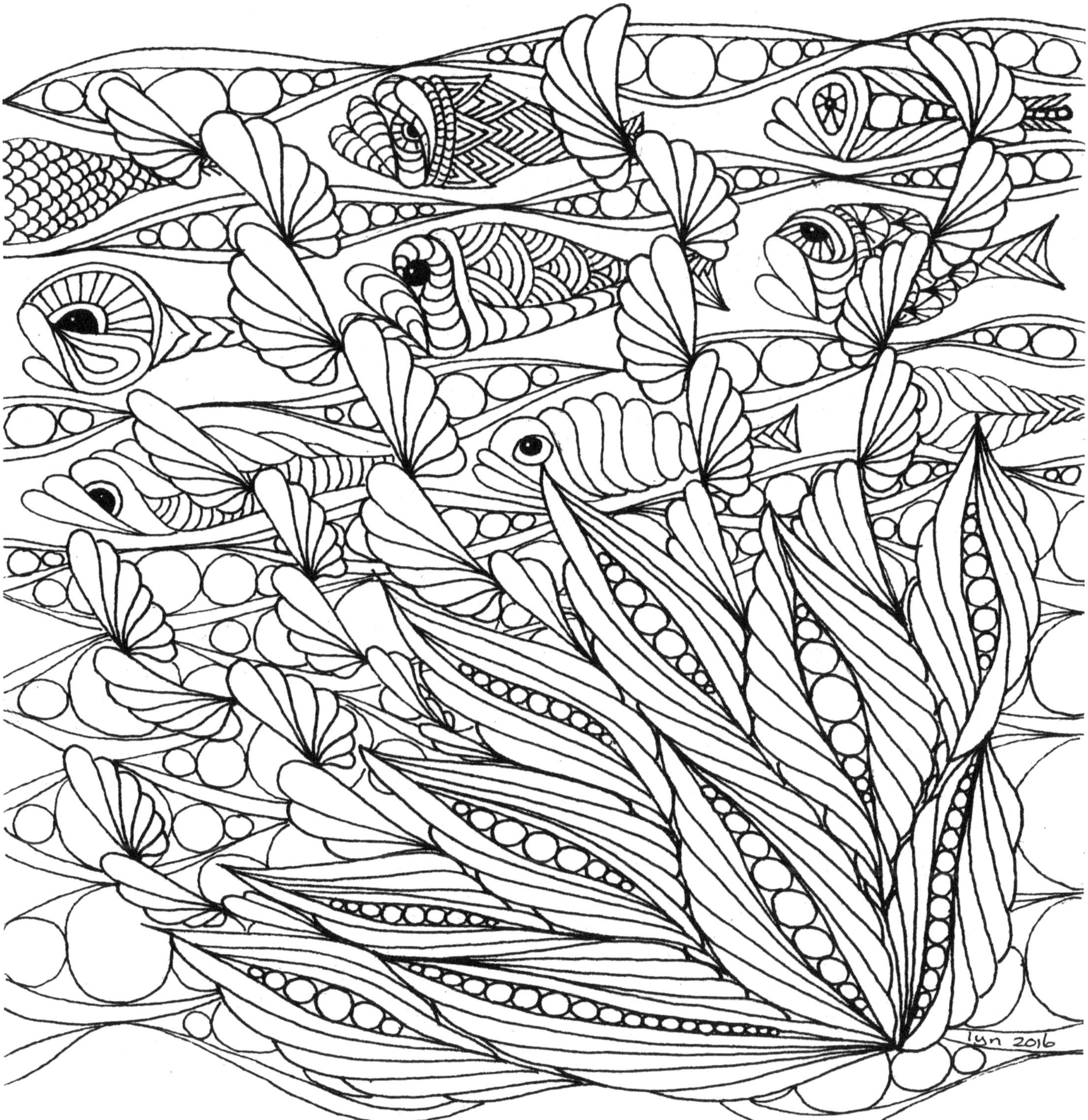
lyn 2016

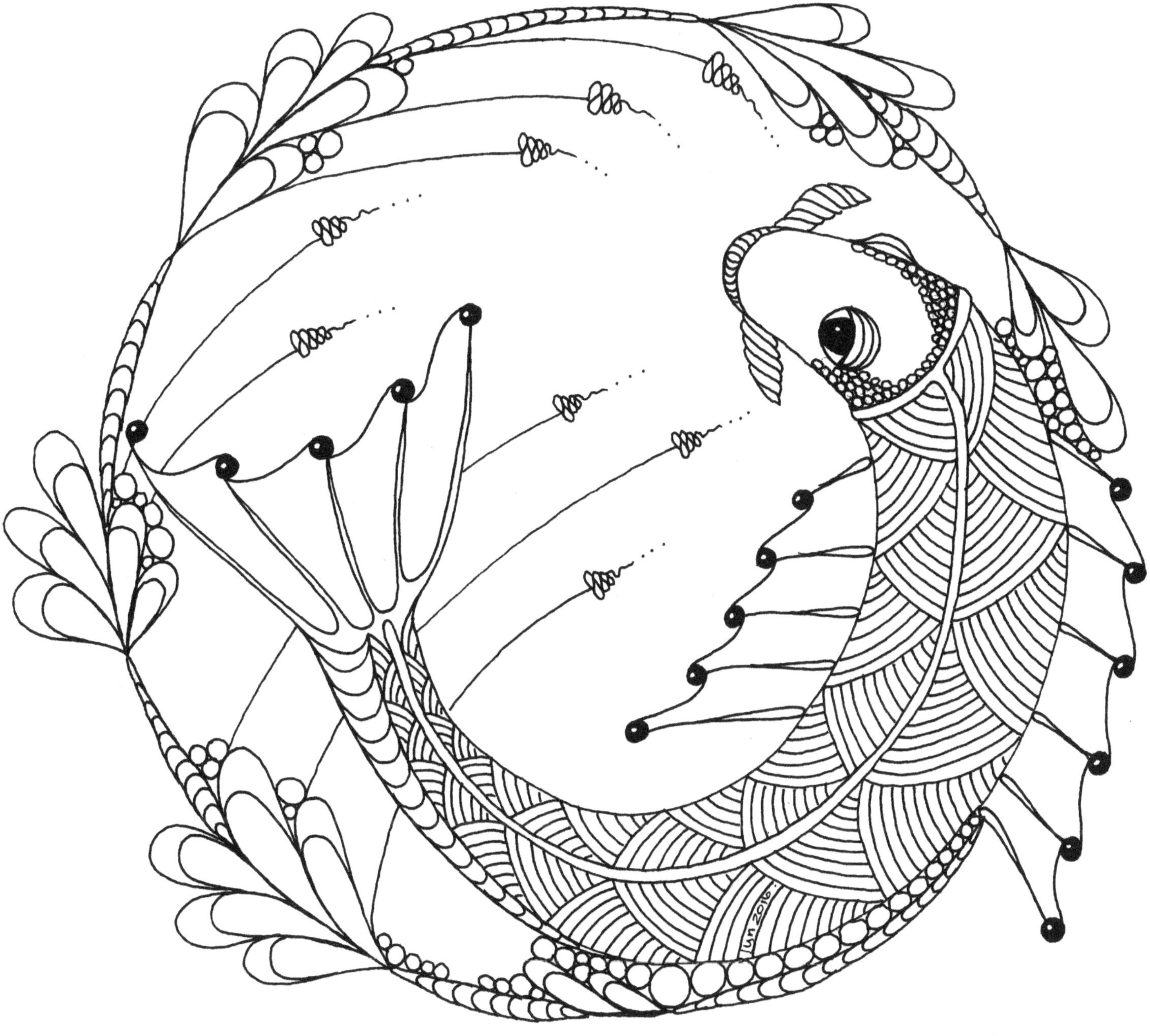
Lyn 2016.

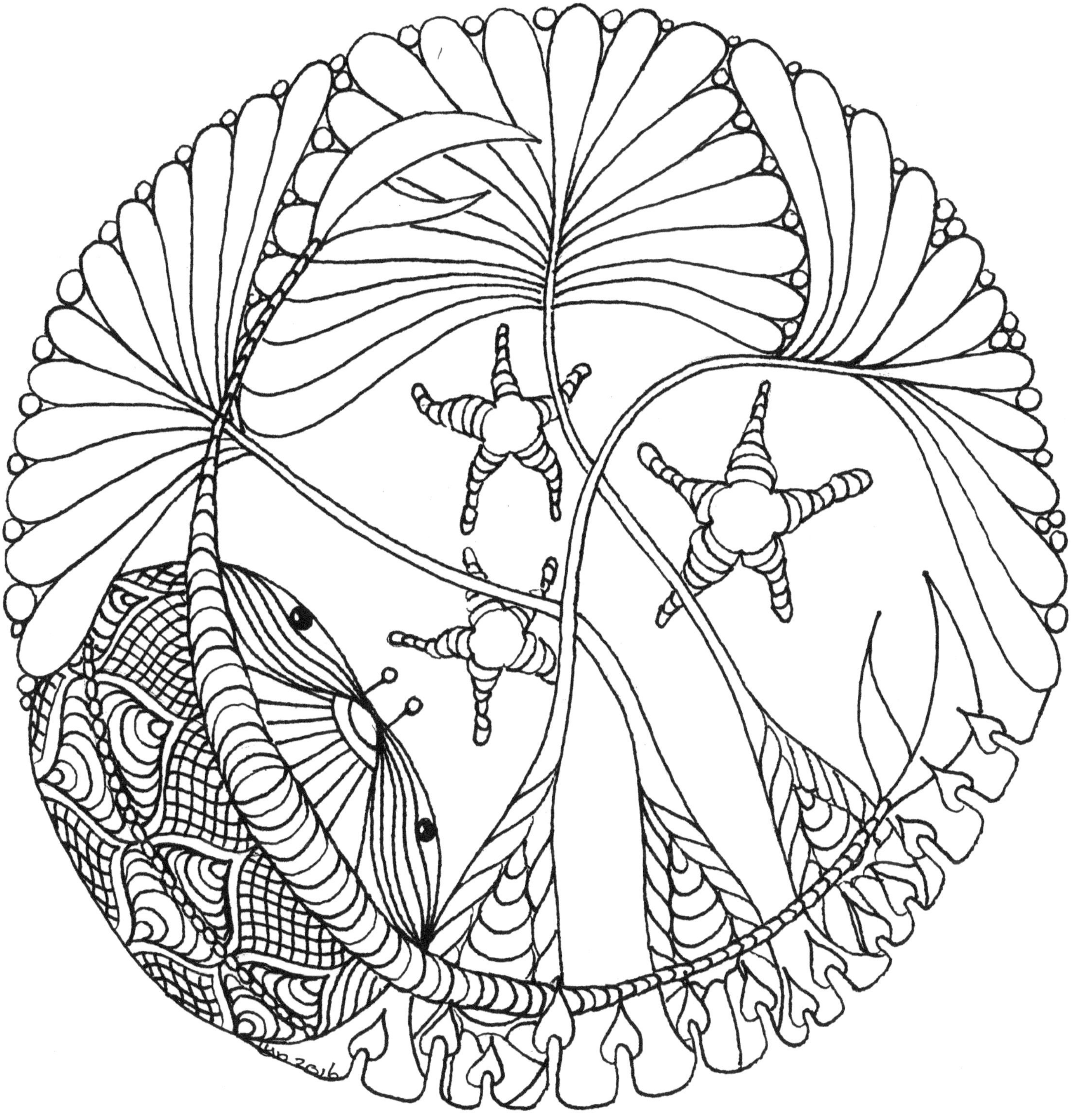
2016

lyn 2016

Lyn2016.

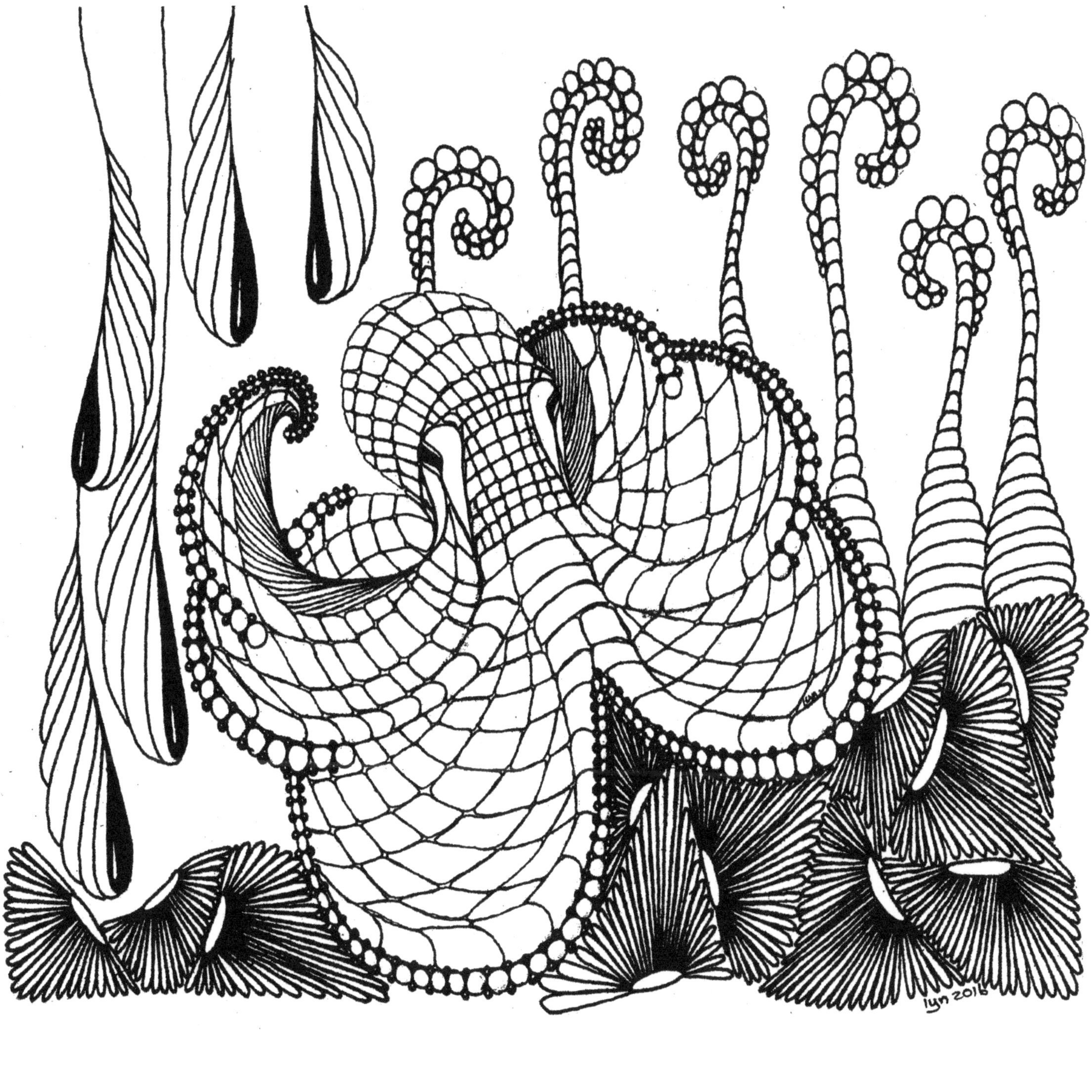

lyn 2016

Lyn 2016

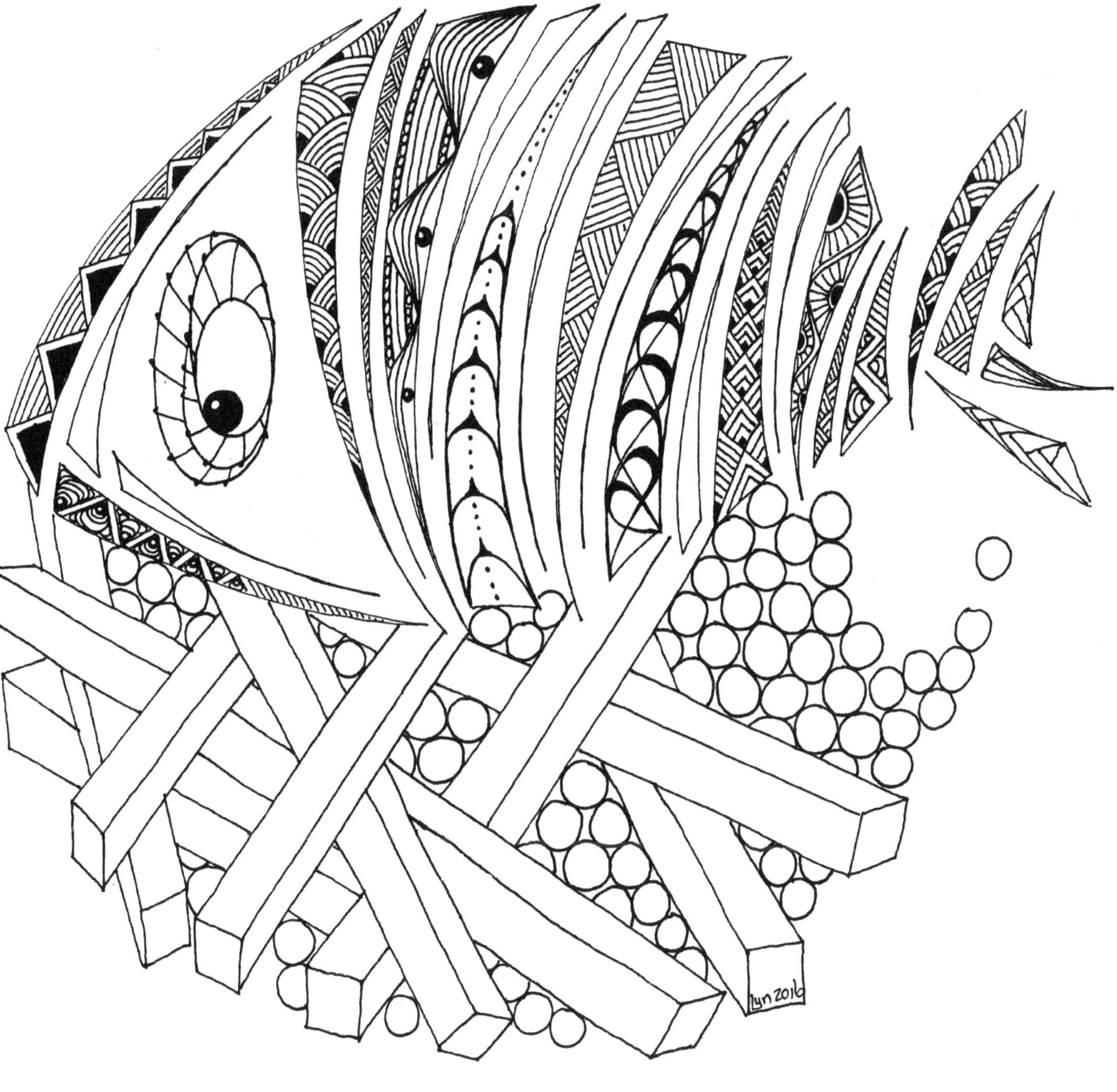
Lyn 2016

lyn 2016

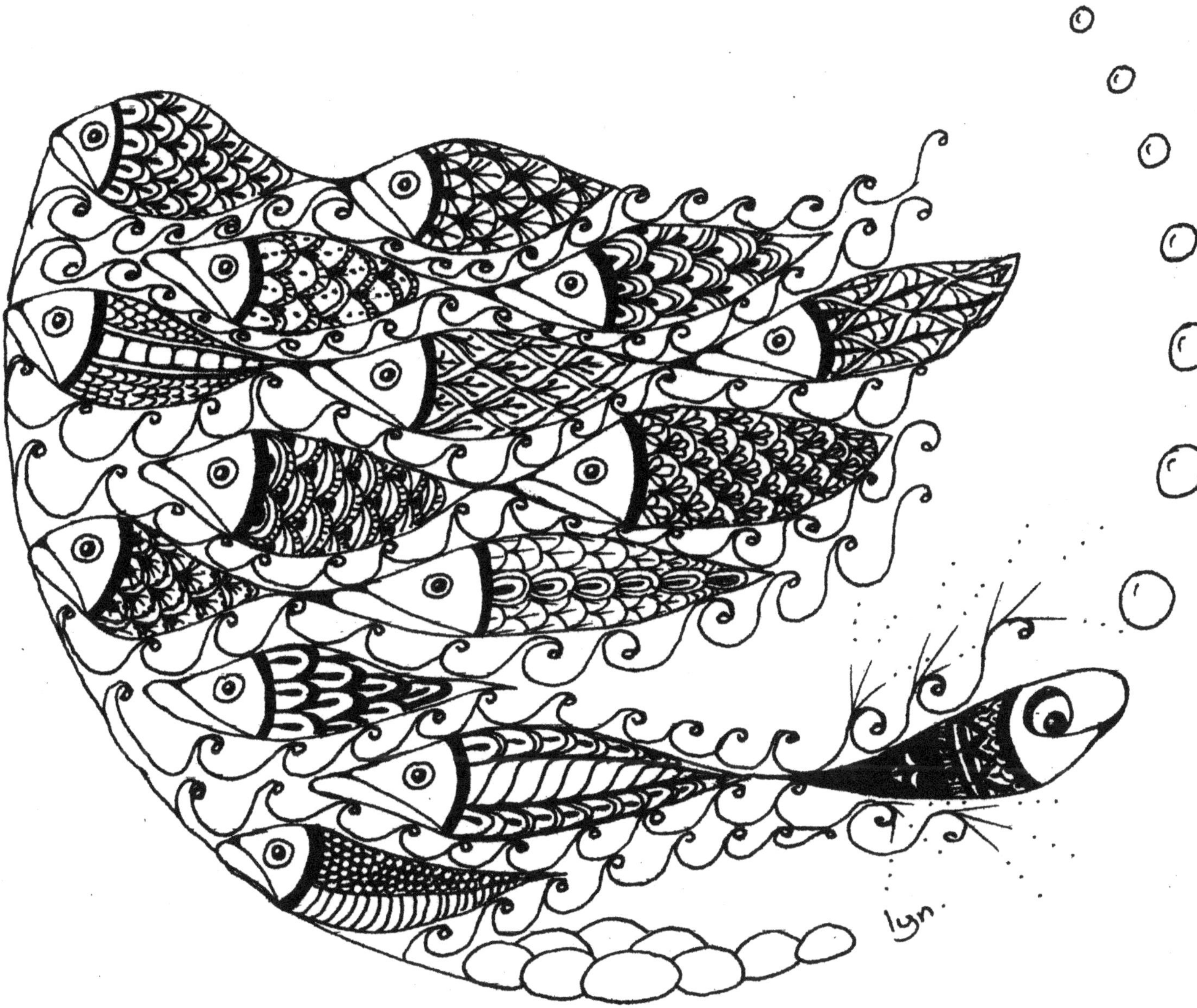
lyn.

lyn 2016

lyn 2016

lyn2016

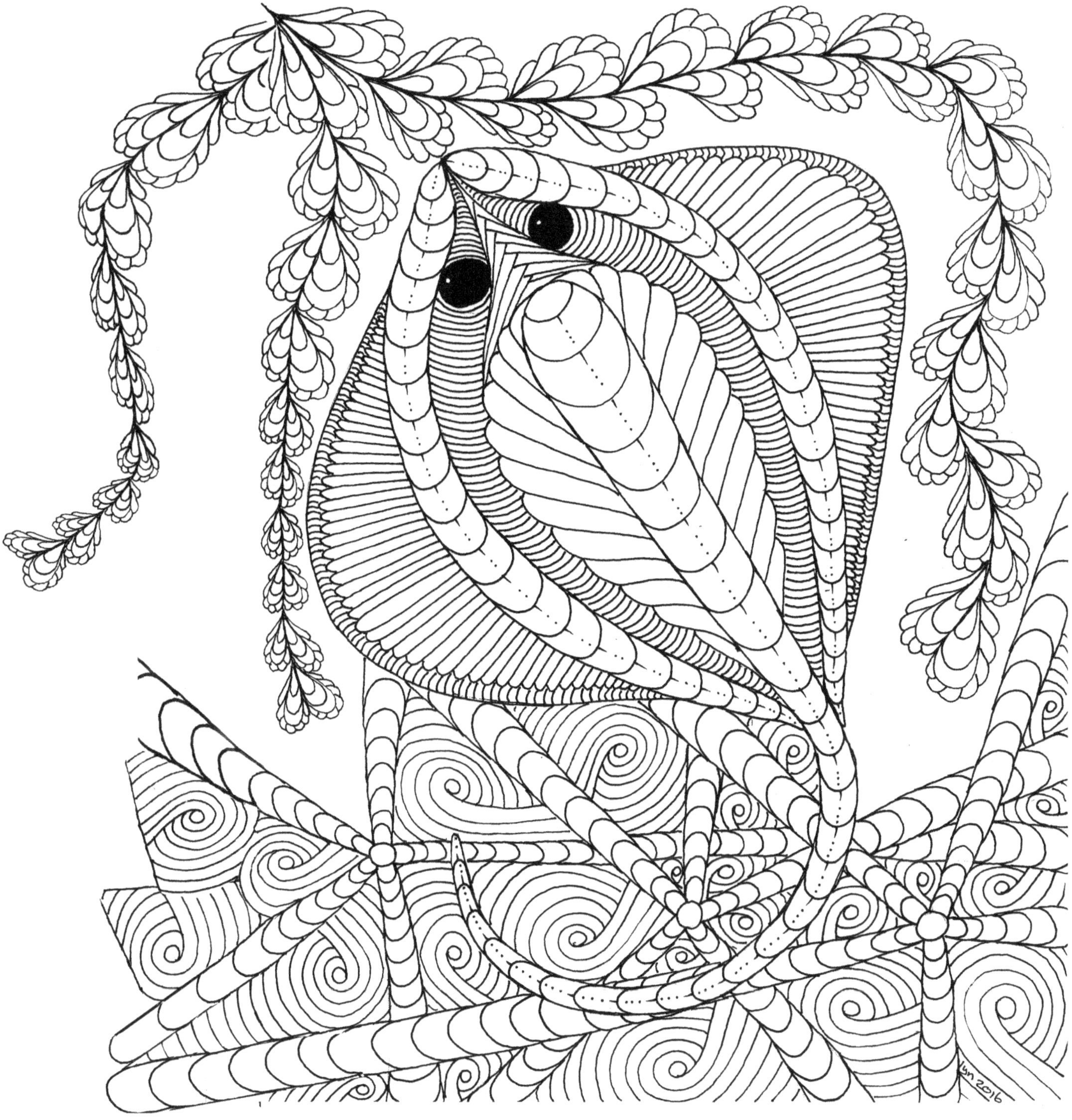
Lyn 2016

lyn 2014

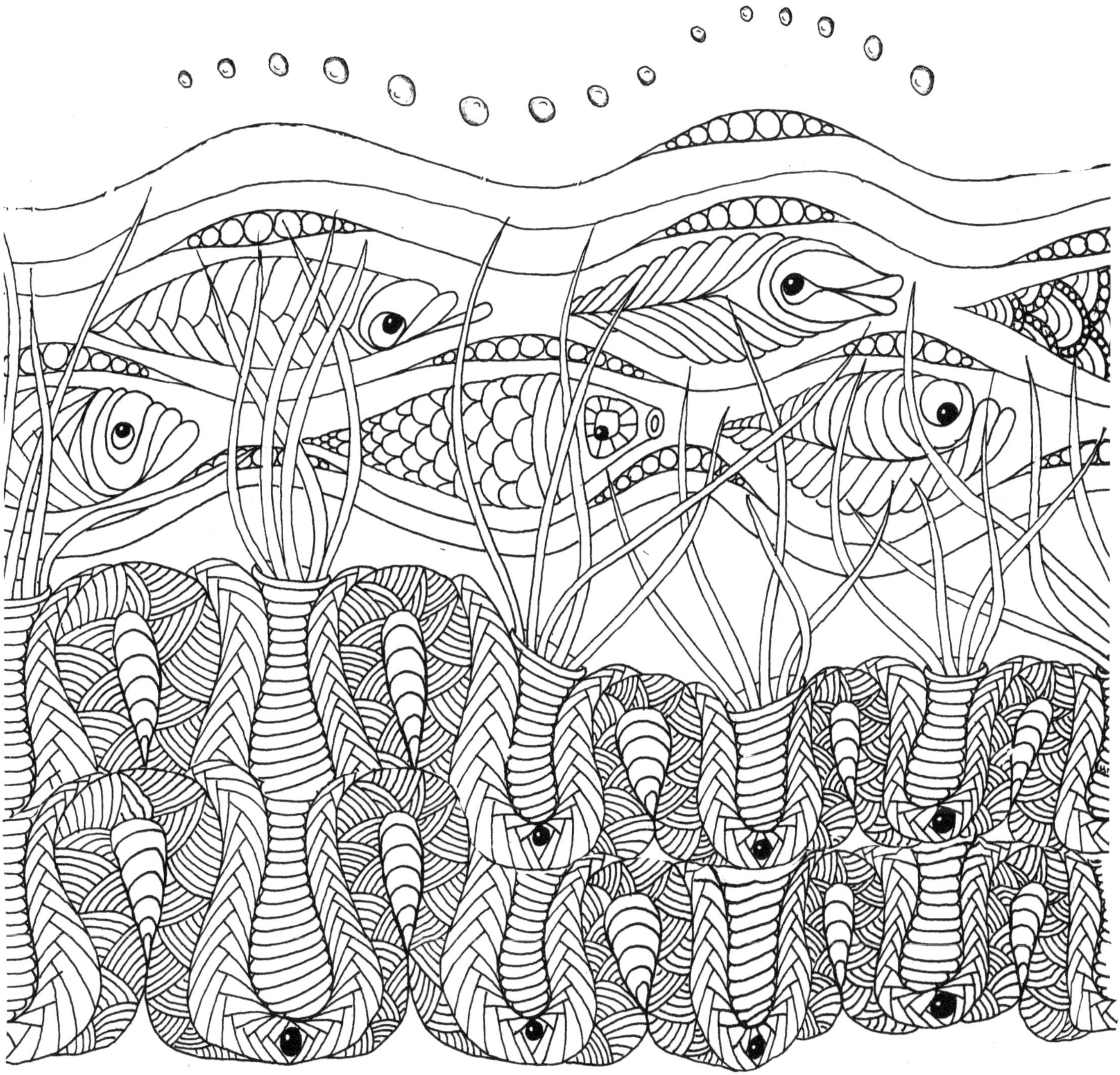

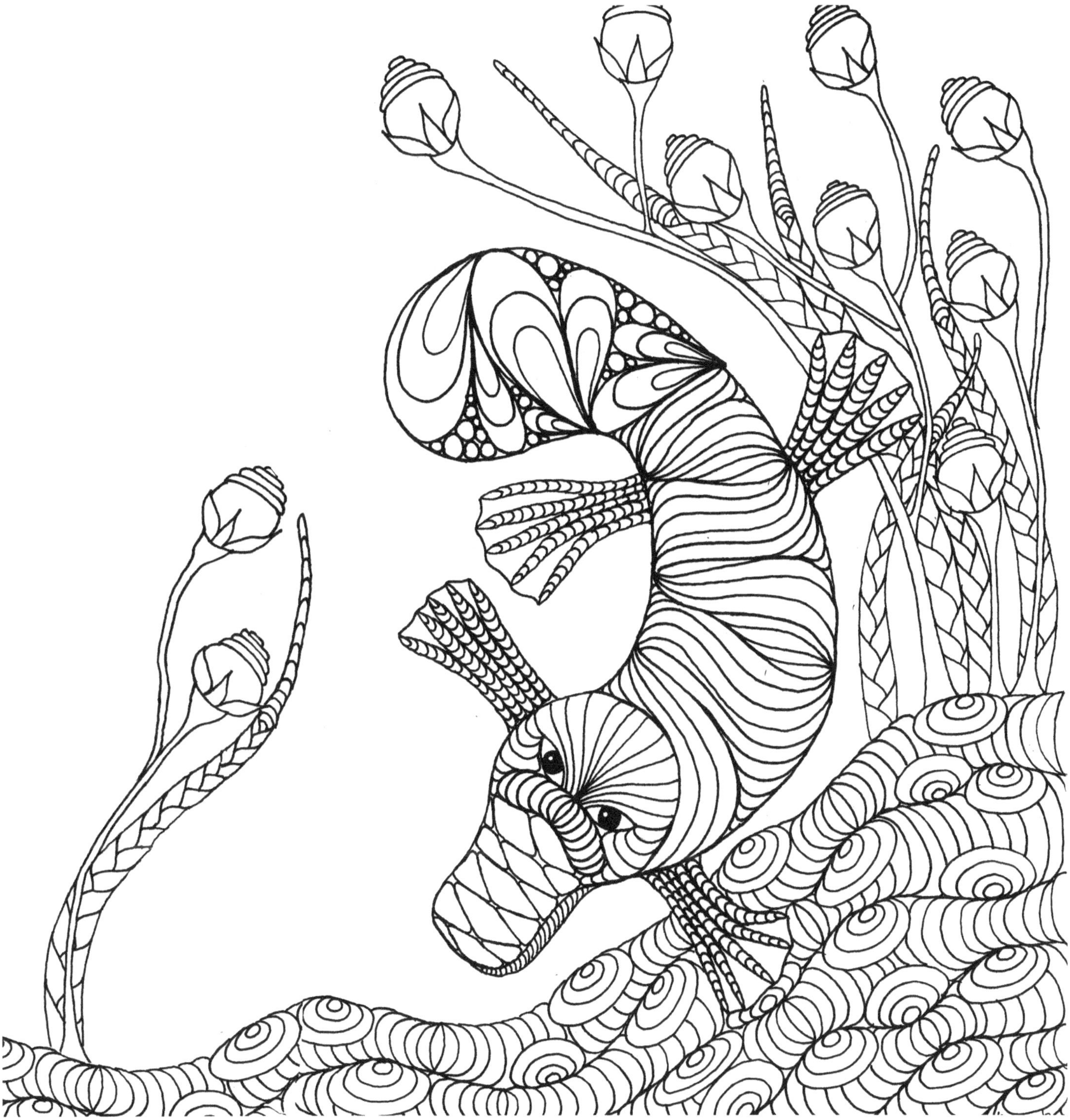

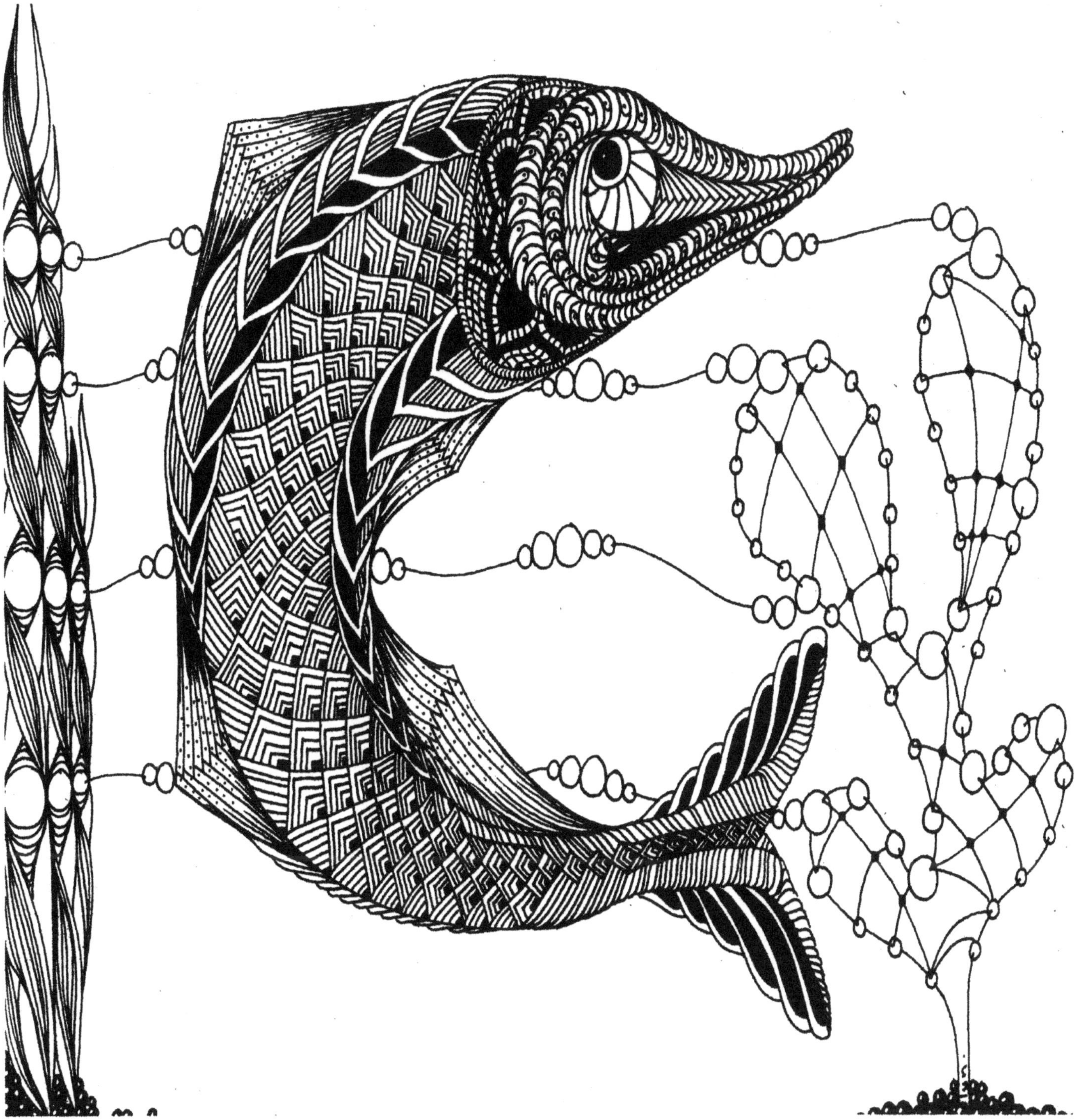

lyn.

www.ingramcontent.com/pod-product-compliance
Lightning Source LLC
Chambersburg PA
CBHW041638040426
42449CB00022B/3498
9781908135797